VENTE

du Lundi 27 Janvier 1902

HOTEL DROUOT, SALLE N° 7

TABLEAUX MODERNES

AQUARELLES

DESSINS - PASTELS

Mᵉ L. GARNAUD

COMMISSAIRE-PRISEUR

M. G. MEUSNIER

EXPERT

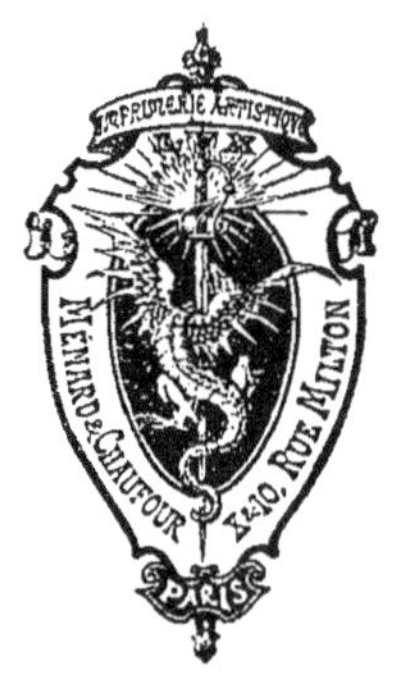

Vente du Lundi 27 Janvier 1902

HOTEL DROUOT, SALLE N° 7

A 3 heures

TABLEAUX MODERNES
AQUARELLES
DESSINS ET PASTELS

PAR OU ATTRIBUÉS A

ANGLADE, AYRTON, BAKALOWITZ, BEAUDOIN, BERTIN,
BOIVIN, BONVIN, VAN DEN BROECK,
BOUDUI, BOULARD, CASANOVA, CAUCHOIS, CLARIN, CLAUDE,
DEFAUX, DELPY, DESVAREUX, DUMOULIN,
FEYEN-PERRIN, HAQUETTE, HERVIER, INNOCENTI, JEANNIN,
KARL ROBERT, MAREC, PAIL, PÉCRUS,
LE POITEVIN, ROUBY, SAUZAY, VOGLER, ZIGLIARA

Me Louis Garnaud, Commissaire-Priseur
6, rue Riboutté

assisté de

M. Georges Meusnier, Expert près les tribunaux
27 et 22, rue Saint-Augustin

EXPOSITION PUBLIQUE

Le Dimanche 26 Janvier de 2 heures à 5 h. 1|2

CONDITIONS DE LA VENTE

La vente sera faite au comptant.

Les acquéreurs paieront *dix pour cent* en sus des prix d'adjudication.

L'exposition mettant le public à même de se rendre compte de l'état des objets, il ne sera admis aucune réclamation une fois l'adjudication prononcée.

Paris Imprimerie Ménard et Chaufour,8-10, rue Milton.

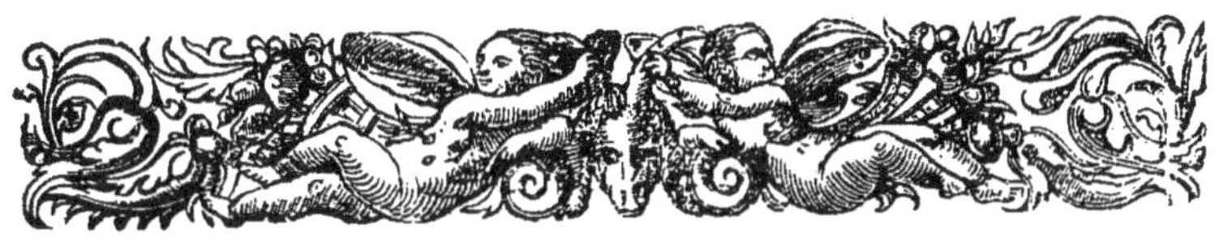

DÉSIGNATION

TABLEAUX

ANGLADE

1 — Les Bruyères.

> Toile. Haut. : 0ᵐ81. Larg. : 0ᵐ55.

AYRTON

2 — Nature morte.

> Toile. Haut. : 0ᵐ93. Larg. : 0ᵐ74.

BEAUDOUIN (Jean)

3 — Le Repos.

> Toile. Haut. : 0ᵐ55. Larg. : 0ᵐ46.

BERTIN

4 — Paysage.

BLATEAU

5 — Paysage au bord de l'eau.

BOIVIN (E.)

6 — Halte de marchands arabes.

Toile. Haut. : 1ᵐ. Larg. : 0ᵐ70.

BONVIN

7 — Intérieur de cuisine.

8 — Intérieur.

BROECK (Van den)

9 — La Convalescence.

Toile. Haut. : 0ᵐ92. Larg. : 0ᵐ77.

BOUDIN (Attribué à)

10 — Laveuses.

Panneau. Haut. : 0ᵐ27. Larg. : 0ᵐ39.

11 — Marine.

BOUDIN (Genre de)

12 —

Panneau. Haut. : 0ᵐ35. Larg. : 0ᵐ27.

BOULARD (A.)

13 — Repos des moissonneurs.

Toile. Haut. : 0m70. Larg. : 0m80.

CASANOVA Y ESTORAC (H.)

14 — L'Homme rouge.

Toile. Haut. : 0m54. Larg. : 0m39.

CAUCHOIS

15 — Fleurs.

Toile. Haut. : 0m73. Larg. : 0m82.

A. CESBRON

16 — Les Roses.

Toile. Haut. : 0m36. Larg. 0m42.

CHÉCA

17 — Étude.

CHOPIN

18 — Italienne.

G. CLAIRIN

19 — Soleil couchant, côté ouest de Belle-Ile.

Toile. Haut. : 1m60. Larg. 0m60.

CLAUDE (Eug.).

20 — Fruits, nature morte.

COROT (école de)

21 — Vue d'Italie.

M. DASTUGUE

22 — Le Laboureur.

DEFAUX

23 — En pleins champs.

Toile. Haut : 1m. Larg. 0m75.

E. DELACROIX (attribué à)

24 — Le bon Samaritain.

Toile. Haut. : 0m92. Larg. 0m74.

C. DELPY

25 — Les Vendanges.

Toile. Haut. : 0m81. Larg. 0m55.

DESVAREUX

26 — Vaches au pâturage.

Toile. Haut. : 0m72. Larg. 0m52.

DIAZ (genre de)

27 — Idylle.

A. DE DREUX (attribué à)

28 — Chevaux de courses.

29 — Une partie de chasse.

DUMOULIN

3o — Une rue au Caire.

ECOLE FRANÇAISE

3ı — Plage normande à marée basse.

ECOLE MODERNE

3₂ — La cueillette des pommes en Normandie.

Toile. Haut. : 0ᵐ95. Larg. : 0ᵐ72.

33 — Huîtres et moules.

34 — Gibier à plumes.

35 — Fruits divers.

36 — Le Faisan.

FERRER

37 — Vue de Venise.

FEYEN-PERRIN

38 — La Femme au coffret.

39 — Pêcheuses de crevettes.

FOURNIER

40 — Les lanternes vénitiennes.

Toile. Haut. : 0^m73. Larg. : 0^m54.

GIRAU-MAX

41 — Paysage.

42 — Paysage.

GIROUD

43 — Un fin menu.

Toile. Haut. : 0^m35. Larg. : 0^m26.

HAMON

44 — L'Amour désarmé.

HAQUETTE

45 — Fleurs.

Panneau. Haut. : 0^m.45 Larg. : 0^m55.

HARPIGNIES (Attribué à)

46 — Vue du Midi.

HERVIER

47 — Fleurs.

Haut. : 0^m55. Larg. : 0^m65.

INNOCENTI

48 — Seigneur.

> Panneau. Haut. : 0ᵐ27. Larg. : 0ᵐ19.

ISABEY (Attribué à E.)

49 — Marine.

JEANNIN (G.).

5o — Fleurs et bibelots.

> Toile. Haut. : 0ᵐ56. Larg. : 0ᵐ46.

ᵉ LAFON (F.).

51 — Femme et Amours.

LEFRANC

52 — Jeunes chats.

> Toile. Haut. : 0ᵐ41. Larg. : 0ᵐ27.

GUY LEROUX

53 — Paysage.

> Toile. Haut. : 0ᵐ73. Larg. : 0ᵐ54.

LEROY

54 — Scène champêtre.

MAREC (Victor)

55 — La Fenaison.

56 — L'Avare.

MARTINEZ

57 — Intérieur.

MEIFFREN

58 — Marine.

> Toile. Haut. : 0ᵐ80. Larg. : 0ᵐ50.

MOLS (Robert).

59 — Fleurs.

PAIL

60 — Poules.

> Toile. Haut. : 0ᵐ55. Larg. : 0ᵐ47.

61-62 — Moutons.
    Moutons.

> Toiles. Haut. : 0ᵐ55. Larg. : 0ᵐ46.

PÉCRUS

63 — Jeune femme effeuillant une marguerite.

PERGOLU

64 — Vue de Venise.

> Toile. Haut. : 0ᵐ56. Larg. : 0ᵐ33.

PETITJEAN (Attribué à)

65 — Marine.

LE POITTEVIN

66 — Paysage.

Toile. Haut. : 0m92. Larg. : 0m73.

PORION

67 — Portrait du Président Carnot.

ROUBY

68 — Les Roses.

Toile. Haut. : 0m65. Larg. : 0m50.

69 — Œillets.

Toile. Haut. : 0m63. Larg. : 0m50.

ROUSSEAU (Attribué à Ph.)

70 — Perroquet.

SAUZAY

71 — Paysage.

Toile. Haut. : 0m55. Larg. : 0m38.

SINIBALDI

72 — Paysage.

Etude.

TERNANTE (A. de)

73 — Italiennes à la fontaine.

Souvenir de Naples.

Toile. Haut. : 0m98. Larg. : 0m66.

VELEZ (L.)

74 — Course de taureaux.

> Toile. Haut. : 0^m73. Larg. : 0^m50.

VOGLER

75 — Effet de neige.

> Toile. Haut. : 0^m66. Larg. 0^m55.

ZIGLIARA

76 — Sur le boulevard.

> Toile. Haut, : 0^m61. Larg. 0^m46.

77 — Parisiennes.

> Toile. Haut. : 0^m55. Larg. 0^m46.

78 — Sous ce numéro quelques tableaux non catalogués.

AQUARELLES, DESSINS
ET. PASTELS

BABALOWIEZ

79 — Almée.

> Pastel. Haut. : 0^m30. Larg. 0^m72.

BARRIAS (Félix)

80 — Souvenir de Catalogne.

(Vente Boussaton)

BODMER

81 — Paysage.

BOUDIN (Genre de)

82 — Paysage avec animaux.

CLÉRY

83 — Aquarelle.

Haut. : 0^m81. Larg. 0^m72.

COIGNET

84 — Vue de Suisse.

COUTANT

85 — Etretat.

DAUMIER (?)

86 — Dessin.

DEBON

87 — Paysage.

Haut. 0^m50 : Larg. 0^m35.

ESCUDIER

88 — La promenade.

GUYARD

89 — Médaillon.

HÉROD (Ph.)

90 — Bacchante au chevreau.

Pastel. Haut. : 1ᵐ45. Larg. : 0ᵐ92.

HERVIER

91 — Vieux Rouen, 1838.

92 — Vieux Rouen.

93 — Vieux Rouen.

JONKING

94 — Vue de Hollande.

KARL-ROBERT

95 — La Marne près de Chaumont.

96 — Le bras du chapitre à Créteil.

97 — Le ruisseau d'Eu.

Fusains.

LA ROCHENOIRE

98 — Chevaux sous bois.

99 — A Bréville.

LUC (Geo)

100 — Pochade militaire.

101 — Esquisse.

PHILIPPOTAUX

102 — Les Croisades.

103 — Sous ce numéro quelques pièces non cata-
loguées.

SCULPTURE

CARPEAUX (J.-B.)

104 — « Pourquoi naître esclave. »
Epreuve plâtre, patine verte.

LIVRES ET RECUEILS ILLUSTRÉS

AFFICHES

105 — *Pointes sèches*, par Helleu.
1 volume.

106 — L'*Estampe moderne*.

Recueil illustré.

107 — Lot de livres illustrés, par BAC, BOUTET, etc.

108 — Lot d'environ vingt affiches illustrées modernes par CHÉRET, GRASSET, LÉANDRE, MEUNIER, MUCHA, PAL, RÉALIER-DUMAS, STEINLEN, WILLETTE, etc. (Ce lot sera divisé).

109 — *Histoire de Paris* par DULAURE.

110 — Plusieurs cartons de dessins.